BEI GRIN MACHT SICH IHR WISSEN BEZAHLT

AF145782

- Wir veröffentlichen Ihre Hausarbeit, Bachelor- und Masterarbeit

- Ihr eigenes eBook und Buch - weltweit in allen wichtigen Shops

- Verdienen Sie an jedem Verkauf

Jetzt bei www.GRIN.com hochladen und kostenlos publizieren

Bibliografische Information der Deutschen Nationalbibliothek:

Die Deutsche Bibliothek verzeichnet diese Publikation in der Deutschen National-bibliografie; detaillierte bibliografische Daten sind im Internet über http://dnb.d-nb.de/ abrufbar.

Dieses Werk sowie alle darin enthaltenen einzelnen Beiträge und Abbildungen sind urheberrechtlich geschützt. Jede Verwertung, die nicht ausdrücklich vom Urheberrechtsschutz zugelassen ist, bedarf der vorherigen Zustimmung des Verlages. Das gilt insbesondere für Vervielfältigungen, Bearbeitungen, Übersetzungen, Mikroverfilmungen, Auswertungen durch Datenbanken und für die Einspeicherung und Verarbeitung in elektronische Systeme. Alle Rechte, auch die des auszugsweisen Nachdrucks, der fotomechanischen Wiedergabe (einschließlich Mikrokopie) sowie der Auswertung durch Datenbanken oder ähnliche Einrichtungen, vorbehalten.

Impressum:

Copyright © 2015 GRIN Verlag, Open Publishing GmbH
Druck und Bindung: Books on Demand GmbH, Norderstedt Germany
ISBN: 9783668522596

Dieses Buch bei GRIN:

http://www.grin.com/de/e-book/374421/ausdauertraining-trainingsplanung-meso-zyklus-entwicklung-der-grundlagenausdauer

Anonym

Ausdauertraining. Trainingsplanung Mesozyklus. Entwicklung der Grundlagenausdauer bei über 65-Jährigen

GRIN Verlag

GRIN - Your knowledge has value

Der GRIN Verlag publiziert seit 1998 wissenschaftliche Arbeiten von Studenten, Hochschullehrern und anderen Akademikern als eBook und gedrucktes Buch. Die Verlagswebsite www.grin.com ist die ideale Plattform zur Veröffentlichung von Hausarbeiten, Abschlussarbeiten, wissenschaftlichen Aufsätzen, Dissertationen und Fachbüchern.

Besuchen Sie uns im Internet:

http://www.grin.com/

http://www.facebook.com/grincom

http://www.twitter.com/grin_com

1

Deutsche Hochschule für
Prävention und Gesundheitsmanagement
Saarbrücken

Einsendeaufgabe

Fachmodul: Trainingslehre 2

Studiengang: Bachelor of Arts „Fitnessökonomie"

Datum
Präsenzphase: 07.12.-09.12.2015

Studienort: **Berlin**

Semester: **WS 2014**

Inhaltsverzeichnis

1 Diagnose

1.1 Allgemeine und biometrische Daten

Tabelle 1: Allgemeine und biometrische Daten

Personenangaben	Testperson
Alter:	68 Jahre
Geschlecht:	männlich
Körpergröße:	176 cm
Körpergewicht:	76,4 kg
Ruhepuls:	59
Blutdruck:	139mmHg/ 92mmHg
Berufliche Tätigkeit:	Rentner
Aktuelle und frühere sportliche Aktivitäten:	3 Std. Bodypump (Kraftausdauer-Training)/ Woche + 1 Std. Krafttraining/ Woche
Trainingsmotive:	Gesundheit, allgemeine körperliche Fitness, Belastbarkeit im Alltag, Kondition verbessern
Zeitlicher Verfügungsrahmen:	4 Stunden/ Woche
Allgemeiner Gesundheitszustand	Keine aktuellen orthopädischen Einschränkungen Bluthochdruck (Hypertonie Stufe 1 Diastolisch
Medikamente:	Blutdrucksenker
Sonstiges	VO2max-Wert: 32 ml/kg/min (unterdurchschnittlich, siehe Tab. 4)

Der Blutdruck ist der in den Gefäßen herrschende Druck; er wird in einen systolischen und einen diastolischen Druck differenziert. Er beträgt in Ruhe durchschnittlich 120/80 mmHg. Steigt der Blutdruck in Ruhe über 140/90 mmHg an, dann wird von einem Hochdruck (Hypertonie) gesprochen. Ausdauertraining führt zur Abnahme des Ruheblutdrucks (Hottenrott & Neumann, 2010, S. 55).

Tabelle 2: Blutdruckklassifikation der American Heart Association

Wertung	Systolischer Blutdruck	Diastolischer Blutdruck
Normblutdruck (Normotonie)		
optimal	Unter 120 mmHg	Unter 80 mmHg
normal	Unter 130 mmHg	Unter 85 mmHg
hochnormal	130-139 mmHg	85-89 mmHg
Bluthochdruck (arterielle Hypertonie)		
Stufe 1 (leicht)	140-159 mmHg	90-99 mmHg
Stufe 2 (mittelschwer)	160-179 mmHg	100-109 mmHg
Stufe 3 (schwer)	>180 mmHg	>110 mmHg

Die Herzfrequenz reagiert am schnellsten auf Beanspruchung und kann bereits nach 8 Tagen Training signifikant abnehmen (Neumann & Schüler, 1994; zitiert nach Hottenrott & Neumann, 2010, S. 37). Die erniedrigte Herzfrequenz ist nicht nur Ausdruck einer Sportherzbildung, sondern auch der Umstellung in der Funktionsweise des vegetativen Nervensystems (Vagotonie).

Tabelle 3: Normwerte Ruhepuls

Der Ruhepuls	
Tachikardie	>100 Schläge/min
Normwert	60-80 Schläge/min
Bradykardie	<60 Schläge/min

Tabelle 4: Normwerte der maximalen Sauerstoffaufnahme VO2max bei Männern nach Altersgruppen (modifiziert nach Fletcher et al., 1990, S. 2287)

Alter (Jahre)	VO2max (ml/kg/min)
	Männer
20-29	43
30-39	42
40-49	40
50-59	36
60-69	33

1.2 Leistungsdiagnostik/ Ausdauertestung

Im Zuge der Leistungsdiagnostik wurde der submaximale Fahrradergometertest nach Richtlinien der Weltgesundheitsorganisation (WHO) gewählt. Dieser Test eignet sich durch das 25-Watt-Belastungsschema und einer kurzen Stufendauer (2 Minuten) besonders für leistungsschwächere, in diesem Fall ältere Personen. So ist gewährleistet, dass ein ausreichend langer Belastungszeitraum gegeben ist, damit die Möglichkeit einer sukzessiven Stoffwechselveränderung von aerob in Richtung des aerob-anaeroben Übergangsbereich ermöglicht werden kann. (Eifler & Kettenis, 2015, S. 68) Die Eingangsbelastung startet bei 25 Watt und wird stufenweise so lange gesteigert, bis eine vordefinierte Pulsobergrenze, in diesem Fall bei 115 S/min, definiert durch Voreinstufung nach Ruheherzfrequenz und Lebensalter (modifiziert nach Trunz, 2001; Institut für Prävention und Nachsorge, 2004; zitiert nach Eifler & Kettenis, 2015, S.67). Wird die definierte Pulsobergrenze erreicht, so wird die bis dahin erreichte Belastungsstufe zu Ende gefahren, d.h. Bis die zwei Minuten auf dieser Stufe vollendet sind und begleitend wird in jeder Minute die Herzfrequenz notiert. Die gefahrene Leistung (in Watt) bei Erreichen der Pulsobergrenze dient als Bewertung durch den Vergleich mit den Normwerten der jeweiligen Altersstufe und des jeweiligen Geschlechts in einer Norm-Leistungstabelle des Institut für Prävention und Nachsorge. Diese Einstufung der relativen Watt-Soll-Leistung ermöglicht sowohl einen intra- und interindividuellen Leistungsvergleich, sowie die Möglichkeit der Ableitung von individuellen Trainingsempfehlungen.

Tabelle 5: Überblick aller Parameter des WHO-Tests

Parameter	Testperson
Testform:	Submaximal, WHO-Test
Eingangsbelastung:	25 Watt
Stufendauer:	2 Minuten
Belastungssteigerung:	Jeweils 25 Watt
Trittfrequenz:	60-80 U/min
Pulsobergrenze nach IPN:	115 S/min
Abbruchgrenze:	119 S/min

6

Tabelle 6: Testprotokoll des Radergometertest

Eingangstest	Datum: 14.12.2015		
Zeit	Watt	Herzfrequenz 1	Herzfrequenz 2
Minute 1-2	25	61 S/min	67 S/min
Minute 3-4	50	69 S/min	73 S/min
Minute 5-6	75	82 S/min	86 S/min
Minute 7-8	100	99 S/min	103 S/min
Minute 9-10	125	114 S/min	119 S/min
Watt gesamt	125 Watt		
Watt/ kg KG	1,64 Watt/kg KG		
Bewertung nach Normtabelle	☺ Überdurchschnittliche Watt-Soll-Leistung		

1.3 Gesundheits- und Leistungsstatus der Person

Die Person ist aufgrund der aktuellen sportlichen Aktivität moderat ausdauertrainiert, verfügt über einen niedrigen Ruhepuls und ein überdurchschnittliches Leistungsvermögen im submaximalen Radergometertest. Da die Testperson über 65 Jahre alt ist und die Gesundheit in der Zielsetzung eine überwiegende Rolle spielt, wird diese Person als typischer Gesundheitssportler eingeordnet. Es bestehen neben leichten gesundheitliche Beschwerden, wie z.B. dem Bluthochdruck, keine weiteren orthopädischen Beschwerden. Aufgrund des Alters und Leistungsvermögens ist die Person moderat belastbar und gilt durch jahrelange Erfahrung im Fitnessstudio als fortgeschrittener Gesundheitssportler. Es gibt einige Einflüsse die die Intensitätssteuerung nach maximaler Herzfrequenz beeinflussen. „Außerdem muss die Wirkung von brady- oder tachykardisierenden Medikamenten berücksichtigt werden. Während Digitalis und negativ chronotrope Kalziumantagonisten (Verapamil, Diltiazem) vorrangig die Ruheherzfrequenz beeinflussen, senken Betarezeptorenblocker darüber hinaus die Herzfrequenz unter Belastung einschließlich HFmax. Eine mittelhohe Dosis eines kardioselektiven Betablockers senkt die Ruheherzfrequenz und die Hfmax um ca. 10 bzw. 30 Schläge pro Minute bei aber deutlich interindividueller Streuung" (Such & Meyer, 2010, S. 310). Da es sich hierbei jedoch um Medikamente anderer Art handelt, wird die Intensitätssteuerung über die maximale Herzfrequenz erfolgen.

2 Zielsetzung/ Prognose

Tabelle 7: Zielsetzung der Testperson

	Inhalt	Ausmaß	Zeit
1	Senkung des Blutdrucks	<139/89 mmHg (Normotonie)	ca. 12 Wochen
2	Verbesserung der maximalen Sauerstoffaufnahme	Erhöhung des VO2max-Werts um 3 ml/kg/min	ca. 6 Monate
3	Leistungssteigerung im WHO-Test	Verbesserung Watt-Soll-Leistung von 1,64 auf 1,95 Watt/kg	ca. 12 Wochen

An erster Stelle steht in der Zielsetzung die Senkung des Blutdrucks und somit einhergehenden positiven Effekte wie beispielsweise die Minderung der Risikofaktoren für Herz-Kreislauf-Erkrankungen. Durch das Erreichen von Normotonie des diastolisches Werts, soll die Einnahme der blutdrucksenkenden Medikamente reduziert bzw. eingestellt werden. Diese Maßnahme hat die größten Auswirkungen auf den gesundheitlichen Zustand und die Prävention verschiedener Folgeerkrankungen.

„In a meta-analysis that included studies of both normotensive and hypertensive cohorts, regular aerobic exercise produced average reductions of 4 mm Hg in systolic and 3 mm Hg in diastolic blood pressure. Based on these observed benefits, patients should be encouraged to exercise for a minimum of 30 minutes on most days of the week" (Whelton, Chin, Xin & He, 2002; zitiert nach Calhoun et al., 2008, S. 1411).

Des Weiteren möchte die Testperson nach eigenen Aussagen die Ausdauerleistungsfähigkeit verbessern. Hierbei dient der VO2max-Wert als messbare Größe, die durch den Polar Own-Index-Test bestimmt wurde. Eine Verbesserung durch ein Ausdauertraining von entsprechender Dauer und Intensität ist innerhalb eines 8-12-

wöchigen Trainings nur um durchschnittlich 15-25% möglich (Hollmann & Hettinger 2000, S. 371; zitiert nach Eifler & Kettenis, 2015, S.29).

Mittlere Anstiege der VO2max durch gesundheitssportliches Ausdauertraining liegen bei +3 bis +11 ml/kg/min bei Studiendauern von 5-11 Monaten (Denis, Dormois & Lacour, 1984; zitiert nach Scharhag-Rosenberger & Meyer, 2013, S. 46). Die VO2max ist in jedem Alter entwickelbar, d.h., Untrainierte können durch ein Training ihr Ausdauerniveau steigern und das erreichte Niveau durch Inanspruchnahme ihres Anpassungspotentials über 3-4 Jahrzehnte aufrechterhalten (Hottenrott & Neumann, 2010, S. 58).

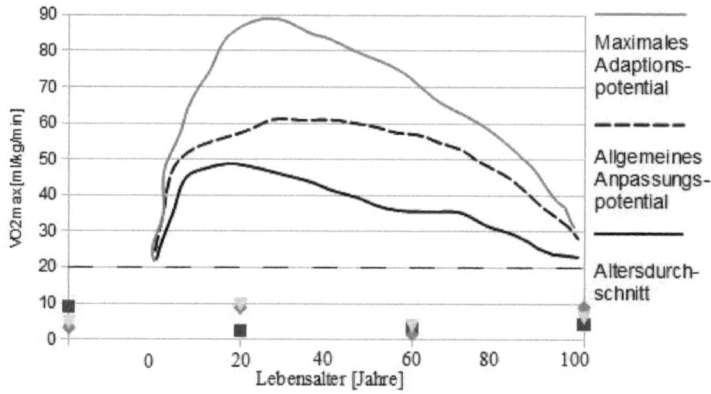

Abbildung 1: Maximale Sauerstoffaufnahme in Abhängigkeit vom Lebensalter bei talentierten Ausdauersportlern und Untrainierten (Hollmann & Hettinger, 2000; Thompson, 2001; modifiziert nach Hottenrott & Neumann, 2010, S.58)

Die dritte Zielsetzung ist die Leistungssteigerung im WHO-Test durch die Verbesserung der relativen Watt-Soll-Leistung und stimmt mit den angegebenen Trainingsmotiven, der Verbesserung der Kondition und Leistungssteigerung im Alltag überein. Dieses oft subjektiv empfundene Ziel wird hier durch den Test messbar gemacht. Die Zielsetzung ist die Verbesserung von 1,64 Watt/kg KG, welches dem leicht überdurchschnittlichen Leistungsvermögen entspricht, zu 1,95 in den überdurchschnittlichen Bereich.

Alle Ziele haben einen Zeitraum von mindestens 12 Wochen, also 2 Mesozyklen, und entsprechen somit dem Bereich der mittel- bis langfristigen Ziele, um sicherzustellen, dass ein positives Resultat nach diesem Zeitraum messbar ist und die Testperson mit diesen Zeiträumen einverstanden ist.

3 Trainingsplanung Mesozyklus

3.1 Grobplanung Mesozyklus

Tabelle 8: Grobplanung Mesozyklus

Mesozyklus	
Dauer	6 Wochen
Trainingszielsetzung	Entwicklung der Grundlagenausdauer
Belastungsumfang/ Woche	1,5-3 Stunden
Trainingsmethoden	Extensive Dauermethode
	Intensive Dauermethode
	Variable Dauermethode
Trainingsintensität	50-60 % Hfmax (regenerativ)
	60-75 % Hfmax (extensiv)
	80-85 % Hfmax (intensiv)
	70-85 % Hfmax (variabel)
Trainingshäufigkeit/ Woche	2-3 x
Dauer pro Trainingseinheit	40 min (regenerativ)
	40-90 min (extensiv)
	20-30 min (intensiv)
	30-50 min (variabel)
Trainingsgeräte	Fahrradergometer, Laufband, Ruderergometer

3.2 Detailplanung Mesozyklus

Tabelle 9: Detailplanung eines 6-wöchigen Mesozyklus für einen fortgeschrittenen Gesundheitssportler zur Verbesserung der Grundlagenausdauer

Woche 1	Mo	Mi	Fr	Woche 2	Mo	Mi	Fr
Trainingsziel	GA1	GA 2	GA 1	Trainingsziel	GA 1	-	GA1
Methode	Exten DM	Variable DM	Exten DM	Methode	Exten DM	-	Exten DM
Intensität	60-70 % Hfmax	75-85 % Hfmax	60-70 % Hfmax	Intensität	65-75 % Hfmax	-	60-70 % Hfmax
Schläge/min	(91-106)	(114-129)	(91-106)		(99-114)		(91-106)
Dauer	40 min	50 min (7ex:3in)	60 min	Dauer	40	-	60
Gerät	Fahrrad	Laufband	Fahrrad	Gerät	Rudern	-	Fahrrad
Woche 3	**Mo**	**Mi**	**Fr**	**Woche 4**	**Mo**	**Mi**	**Fr**
Trainingsziel	GA2	REKOM	GA1	Trainingsziel	GA 2	-	GA 1
Methode	Inten DM	Exten DM	Exten DM	Methode	Variable DM	-	Exten DM
Intensität	80-85 % Hfmax	50-60% Hfmax	65-75% Hfmax	Intensität	70-80% Hfmax	-	60-70 % Hfmax
Schläge/min	(122-129)	(76-91)	(99-114)		(106-122)		(91-106)
Dauer	30 min	40 min	50 min	Dauer	50 min (5ex:5in)	-	60 min
Gerät	Laufband	Fahrrad	Fahrrad	Gerät	Laufband	-	Rudern
Woche 5	**Mo**	**Mi**	**Fr**	**Woche 6**	**Mo**	**Mi**	**Fr**
Trainingsziel	GA1	GA 1/2	GA 1	Trainingsziel	GA2	-	REKOM
Methode	Exten DM	Variable DM	Exten DM	Methode	Inten DM	-	Exten DM
Intensität	65-75 % Hfmax	70-80 % Hfmax	60-70% Hfmax	Intensität	80-85% Hfmax	-	50-60% Hfmax
Schläge/min	(99-114)	(106-122)	(91-106)		(122-129)		(76-91)
Dauer	60 min (10ex: 10in)	50 min	40 min	Dauer	20 min	-	40 min
Gerät	Fahrrad	Fahrrad	Laufband	Gerät	Rudern	-	Fahrrad

3.3 Begründung zum Mesozyklus

Der erste sechswöchige Mesozyklus besteht aus 15 Ausdauertrainingseinheiten und hat eine starke Gewichtung auf den Aufbau und die Stabilisierung der Grundlagenausdauer, somit dem Grundlagenausdauertraining 1 (Hottenrott & Neumann, 2010, S. 120). Dieser Fokus unterstützt die individuellen Trainingsziele der Testperson. Es soll insgesamt ein höheres Leistungsniveau angestrebt werden. Die GA1-Trainingseinheiten haben demzufolge einen Anteil von 60% innerhalb des Mesozyklus. Insgesamt wird ein Trainingspensum von anderthalb bis drei Stunden der Woche angestrebt, um sich langsam vom Gesundheits-Minimalprogramm hin zu einem Gesundheits-Optimalprogramm anzunähern. In Woche zwei, vier und sechs finden nur 2 Trainingseinheiten statt, um der Person Zeit für eine Stunde Bodypump-Training in der Woche zu geben, sodass die Trainingsmotivation erhalten bleibt, dennoch das angegebene Zeitlimit von 4 Stunden/ Woche nicht gravierend zu überschreiten. Das gewählte Be-Entlastungsverhältnis beträgt innerhalb der Mesozyklus 2:1. Nach jeder Belastungsphase folgt eine Entlastungsphase, um dem Körper genügend Zeit zur Adaption und Anpassung zu geben. Das Regenerations- und Kompensationstraining (REKOM) unterstützt die Wiederherstellung und Beschleunigung der Regeneration (Hottenrott & Neumann, 2010, S. 120).

Die Testperson wird im Zuge des gesundheitsorientierten Trainingsprogramms vorwiegend im aeroben Bereich Übergangsbereich trainieren, denn dieser eignet sich besonders für das gezielte Herz-Kreislauf-Training, sowie dem Aufbau und der Stabilisierung der Grundlagenausdauer, bzw. im aerob-anaeroben für die Verbesserung der aeroben Fitness (VO2max).

Um Anpassungen in den Organ- und Funktionssystemen zu erzielen muss das Ausdauertraining mit unterschiedlichen Intensitäten durchgeführt werden.

Die Basistrainingsmethode ist die extensive Dauermethode nach dem Prinzip des trainingswirksamen Reiz mit einem Intensitätsspektrum von 60-75% von Hfmax (American College of Sports Medicine (ACSM), 2006b; zitiert nach Eifler & Kettenis, 2015, S. 187), während für GA2-Trainingseinheiten auch variable und intensive Dauermethoden gewählt wurden, deren Intensitäten zwischen 75% und 85% der maximalen Herzfrequenz liegen. Diese GA2-Einheiten dienen der Weiterentwicklung der Grundlagenausdauer und unterstützen das Ziel der Leistungssteigerung.

Auf Intervall und Wettkampfmethoden wurden wegen deren hoher Anforderung und Belastungsintensitäten nach dem Prinzip der Individualität und Altergemäßheit bewusst verzichtet.

„Die am häufigsten benutzte Formel, die einfach anzuwenden ist und allgemein akzeptiert wird, lautet HFmax= 220 – Lebensalter" (Such & Meyer, 2010, S. 310). Gemäß dem Prinzip der variierenden Belastung und Trainingsmittelvielfalt wurden die Trainingsgeräte Fahrradergometer, Laufband und Ruderergometer gewählt. Diese variablen Trainingsreize sollen zu einer erhöhten langfristigen Motivation führen und den Spaß am Training aufrechterhalten. Schwerpunkt ist dennoch nach individuellen Vorlieben das Fahrradergometer. Andere Geräte wurden hinzugezogen, um unterschiedliche Akzente hinsichtlich der Herzvolumenarbeit bei vermehrt dynamischen Belastungen und Herzdruckarbeit bei vorwiegend statischen Belastungen zu setzen.

Im Vergleich zum Laufen oder Rudern wird beim Radfahren weniger Muskulatur eingesetzt, so dass die lokale Muskelermüdung meist vor der kardiopulmonalen Ausbelastung erfolgt (Such & Meyer, 2010, S. 310).

13

4 Literaturrecherche

Thema: Effekte des Ausdauertrainings bei chronisch obstruktiven
Atemwegserkrankungen (COPD) oder Asthma bronchiale

Tabelle 10: Comparison of the effects of neuromuscular electrical stimulation and endurance training in
patients with severe chronic obstructive pulmonary disease

	Studie 1: „Comparison of the effects of neuromuscular electrical stimulation and endurance training in patients with severe chronic obstructive pulmonary disease"
Autor/en	Kaymaz, D., Ergün, P., Demirci, E. & Demir, N.
Erscheinungsjahr	2015
Versuchspersonen	50 Patienten mit schwerem COPD, aufgeteilt in die „Endurance training group" (ET) (n= 27) und „NMES group" (n= 23).
Versuchsaufbau	Die „Endurance training group" führte ein sogenanntes „PR-program" aus: aerobe Ausdauereinheiten (30 min insgesamt, 15 Minuten davon Laufband bei 60%-85% VO2max, 15 Minuten Fahrradergometer bei 50%-75% der maximalen Leistung) und einige kräftigende Übungen für obere und untere Extremitäten Zeitraum: 3 Tage/Woche für 8 Wochen (zwei Tage der drei unter Überwachung in der Klinik und ein Tag selbstständig)
Ergebnisse	Nach dem „PR program", verbesserte sich die Laufdistanz und Zeit signifikant, während der „MRC scores" (Maßstab für die Beurteilung des Atemnot-Gefühls während Aktivitäten des täglichen Lebens) beider Gruppen signifikant abnahm. In der „ET group" wurde unter anderem ein Zuwachs der Leistung im Test für die Messung der peripheren Muskelkraft notiert. Schlussfolgerung: Sowohl Ausdauertraining, als auch Neuromuskuläre Elektrostimulation können als Behandlungsstrategie für Patienten mit COPD verwendet werden.

14

Tabelle 11: Long-term efficacy of intensive cycle ergometer exercise training program for advanced COPD patients

	Studie 2: *Long-term efficacy of intensive cycle ergometer exercise training program for advanced COPD patients*
Autor/en	Pothirat, C., Chaiwong, W., Phetsuk, N., Liwsrisakun, C., Bumroongkit, C., Deesomchok, A., Theerakittikul, T. & Limsukon, A.
Erscheinungsjahr	2015
Versuchspersonen	41 Patienten mit moderatem, schwerem oder sehr schwerem COPD in stabilem Zustand (keine Exazerbation während der letzen 6 Wochen vor der Studie) mindestens 40 Jahre alt, ehemalige Raucher. Ausschlusskriterien: Patienten mit Langzeit-Sauerstoff-Therapien während der voherigen 3 Monate, Herzerkrankungen oder anderen Begleiterkrankungen die das Ausdauertraining einschränken.
Versuchsaufbau	Patienten mit fortgeschrittenem COPD wurden in zwei Gruppen unterteilt (die „intensive ergometer exercise program group" und die Kontrollgruppe). Programm der ersten Gruppe: 16 Einheiten innerhalb von 8 Wochen (überwachtem) intensivem und moderatem Fahrradergometer-Training (Arm- sowie Beinergometer) Erste und zweite Woche: 30-40 min bei 30-35% Herzfrequenzreserve (Steigerung um 5 Minuten und 5 % der Hfr alle zwei Wochen) während die Kontrollgruppe Übungen zuhause durchführte. Die vitale Kapazität wurde anhand eines Walking-Tests (maximale Distanz in 6 Minuten) und die längste Dauer im eigenen Tempo auf dem Laufband zu Beginn der Studie beurteilt, dann alle 3 Monate wiederholt und nachdem sie ein 24-Monats-Folgeprogrmm abgeschlossen hatten.
Ergebnisse	Die „intensive cycle ergometer exercise program group" zeigte statistisch signifikante Verbesserungen in der Muskelkraft (von Beginn bis Ende der Stunde), sowie signifikante Vorschritte im Walking-Test, und nachlassender Dyspnoe sowie subjektiv empfundener Lebensqualität. Deshalb wird Ausdauer-Training für Patienten mit fortgeschrittenem COPD, die einem täglichen Bewegungsmangel unterliegen, ausdrücklich empfohlen.

5 Literaturverzeichnis

Black, H.R., Sica, D., Ferdinand, K., White W.B. (2015). Eligibility and Disqualification Recommendations for Competitive Athletes With Cardiovascular Abnormalities: Task Force 6:Hypertension: A Scientific Statement from the American Heart Association and the American College of Cardiology. *Circulation* 2015 (32),e298-e302.

Calhoun, D., Jones, D., Textor, S., Goff, D., Murphey, T., Toto, R., White, A., Cushman, W., White, W., Sica, D., Ferdinand, K., Giles, T., Falkner, B. & Carey, R. (2008). Resistant Hypertension: Diagnosis, Evaluation, and Treatment - A Scientific Statement From the American Heart Association Professional Education Committee of the Council for High Blood Pressure Research. *Hypertension* 2008 (51), 1403-1419

Eifler, C.& Kettenis, L. (2015). *Studienbrief Trainingslehre II – Gesundheitsorientiertes Ausdauertraining.* Saarbrücken: Deutsche Hochschule für Prävention und Gesundheitsmanagement.

Fletcher G., Balady G., Froelicher V., Hartley H., Haskell W. & Pollock, M. (1990). Exercise Standards. A statement for healthcare professionals from the American Heart Association. *Circulation* 82 (6), 2286-2322.

Hottenrott, K. & Neumann, G. (2010). *Trainingswissenschaft – Ein Lehrbuch in 14 Lektionen.* Aachen: Meyer & Meyer Verlag.

Kaymaz, D., Ergün, P., Demirci, E. & Demir, N. (2015). Comparison of the effects of neuromuscular electrical stimulation and endurance training in patients with severe chronic obstructive pulmonary disease. *Tuberk Toraks* 2015, 63(1),1-7.

Pothirat, C., Chaiwong, W., Phetsuk, N., Liwsrisakun, C., Bumroongkit, C., Deesomchok, A., Theerakittikul, T. & Limsukon, A. (2015). Long-term efficacy of intensive cycle ergometer exercise training program for advanced COPD patients. *International Journal of COPD,* 10, 133-144.

Scharhag-Rosenberger, F. & Meyer, T. Ausdauertrainingseffekte: Ergometrische Erfassung und Zusammenhänge mit präventiver Trainingswirkung. *Deutsche Zeitschrift für Sportmedizin, 64* (2013) 45-51.

Such, U. & Meyer T. (2010). Die maximale Herzfrequenz. *Deutsche Zeitschrift für Sportmedizin, 61* (12), 310-311.

6 Abbildungs- und Tabellenverzeichnis

6.1 Abbildungsverzeichnis

6.2 Tabellenverzeichnis

BEI GRIN MACHT SICH IHR WISSEN BEZAHLT

- Wir veröffentlichen Ihre Hausarbeit, Bachelor- und Masterarbeit

- Ihr eigenes eBook und Buch - weltweit in allen wichtigen Shops

- Verdienen Sie an jedem Verkauf

Jetzt bei www.GRIN.com hochladen und kostenlos publizieren